AF314381

CATALOGUE

D'UNE JOLIE RÉUNION

D'OBJETS DE CURIOSITÉ

DE LA CHINE ET DU JAPON

Bronzes niellés et autres; Porcelaines et Poteries;

ÉMAUX CLOISONNÉS;

Laques; Objets variés; Meubles;

Etoffes & Dessins.

DONT LA VENTE AURA LIEU

HOTEL DROUOT, SALLE N° 8

Le Lundi 17 Novembre 1873

A UNE HEURE ET DEMIE

La vacation étant très-chargée.

Par le ministère de M° CHARLES PILLET, Commissaire-Priseur,
10, rue de la Grange-Batelière,

Assisté de **M. CHARLES MANNHEIM**, Expert, 7, rue Saint-Georges,

Chez lesquels se distribue le présent Catalogue.

EXPOSITION PUBLIQUE : *Le Dimanche 16 Novembre 1873.*

DE UNE HEURE A CINQ HEURES.

CONDITIONS DE LA VENTE

Elle sera faite expressément au comptant.

Les acquéreurs payeront *cinq pour cent* en sus des prix d'adjudication.

Paris. Typ. Pillet fils aîné, 5, rue des Grands-Augustins.

DÉSIGNATION DES OBJETS

ÉMAUX CLOISONNÉS
DE LA CHINE & DU JAPON

1 — Grande jardinière de forme ronde et profonde en émail cloisonné de la Chine, décorée de fleurs sur fond bleu turquoise. — Haut., 33 cent. Diam., 45 cent.

2 — Deux grands vases, en forme de rouleau, en émail cloisonné de la Chine, décorés de fleurs et d'ornements sur fond bleu turquoise. — Haut., 55 cent.

3 — Deux vases de même forme et de décor analogue. — Haut., 34 cent.

4 — Deux vases en forme de balustre, décorés de fleurs arabesques sur fond bleu turquoise et col à fond blanc. — Haut., 38 cent.

5 — Deux vases en forme de balustre surbaissé, à deux anses têtes chimériques, décorés de fleurs arabesques sur fond noir, et à col jaune séparé de la panse par une frise à fond blanc. — Haut., 28 cent.

6 — Deux vases en forme de balustre à col droit, décorés de branches de pêcher et d'oiseaux sur fond bleu turquoise. — Haut., 28 cent.

7 — Deux vases de forme cylindrique en émail cloisonné du Japon, décorés de médaillons de fleurs sur fond violet et d'ornements sur fond bleu turquoise. — Haut., 28 cent.

8 — Deux vases analogues à ceux qui précèdent, décorés de médaillons d'oiseaux. — Haut., 28 cent.

9 — Deux vases, forme dite *gargoulette*, en émail cloisonné de la Chine, décorés de fleurs arabesques sur fond vert olive et à goulots violets. — Haut., 28 cent.

10 — Deux vases de même forme à médaillons grues sacrées sur fonds variés et panse bleu turquoise décorée de chauves-souris. — Haut., 24 cent.

11 — Deux vases analogues à ceux qui précèdent. Le col est émaillé rouge brique. — Haut., 24 cent.

12 — Deux autres vases, de même forme, émaillés bleu turquoise et décorés de médaillons de fleurs sur fonds variés de nuances. — Haut., 22 cent.

13 — Deux coupes rondes vide-poches sur pied élevé à nœud, décorées de fleurs arabesques sur fond bleu turquoise. — Haut., 37 cent.

14 — Deux petits vases à panse ovoïde et à couvercle, décorés de fleurs sur fond bleu turquoise. — Haut., 25 cent.

15 — Deux jolis petits vases en forme de baril, fond gros bleu, décorés de fleurs et bandes émaillées jaune. — Haut., 23 cent.

16 — Deux petits vases en forme de balustre à goulot étroit, décorés de fleurs et d'ornements sur fond bleu turquoise. — Haut., 24 cent.

17 — Deux bols en émail cloisonné de la Chine, décorés de fleurs arabesques et d'ornements sur fond vert d'eau à l'intérieur, et fond bleu turquoise à l'extérieur.

18 — Deux petites coupes rondes, émaillées bleu turquoise à l'intérieur et décorées de fleurs sur fond rouge à l'extérieur.

19 — Deux jolies petites jardinières de forme oblongue à lobes, décorées de fleurs arabesques sur fond jaune d'or.

20 — Boîte ou bonbonnière de forme lenticulaire, fond rouge brique, et médaillons d'oiseaux et de fleurs sur fond bleu.

21 — Boîte analogue à celle qui précède, fond vert pistache, et médaillon de fleurs sur fond rouge.

22 — Coupe couverte à deux anses têtes chimériques, décorée de rosaces et d'ornements en couleurs sur fond
gros bleu.

23 — Deux porte-allumettes de forme cylindrique, décorés d'attributs divers et d'oiseaux sur fond gros bleu.

24 — Petit réchaud, ou veilleuse, en émail cloisonné de la
Chine, décoré de fleurs sur fond bleu foncé.

25 — Boîte de forme cylindrique, décorée de fleurs sur
fond bleu turquoise.

26 — Deux petites coupes vide-poches de forme ronde, décorées d'ornements sur fond rouge.

27 — Deux plateaux ronds, décorés d'oiseaux et de fleurs
sur fond bleu turquoise. — Belle qualité.

28 — Deux petits plateaux ronds, décorés de fleurs et d'ornements sur fond blanc et rouge.

29-30 — Deux plats ronds en émail cloisonné du Japon, à
décors d'oiseaux et fleurs. — Ils seront vendus séparément. — Diam., 30 cent.

31-32 — Quatre plats analogues, mais plus petits. — Ils
seront vendus par deux. — Diam., 24 cent.

33 — Dessus de guéridon de forme ronde en émail cloisonné de la Chine, décoré d'arbustes et d'oiseaux sur fond bleu turquoise. — Diam., 60 cent.

BRONZES

34 — Grande et belle figure de bouddha debout en bronze, sur socle formé du lotus sacré. Travail japonais. — Haut., 82 cent.

35 — Deux grands vases en forme de balustre à dragons et hérons en haut-relief. Bronze noir avec taches d'or. — Haut., 55 cent.

36 — Deux grands flambeaux en bronze formés chacun d'une grue debout sur une tortue et tenant une branche de lotus porte-lumière. — Haut., 55 cent.

37 — Deux vases en forme de balustre en bronze niellé d'argent et à anses formées de dragons. — Haut., 40 cent.

38 — Deux vases en forme de balustre à panse surbaissée et col droit, décor d'arbustes et d'oiseaux en relief. Bronze japonais. — Haut., 32 cent.

39 — Deux vases en forme de balustre à col droit décorés de fleurs en relief. — Haut., 32 cent.

40 — Deux autres vases en forme de balustre; la panse est décorée d'oiseaux et d'arbustes en relief. — Haut., 32 cent.

41 — Deux vases en forme de gourde à col droit décorés d'oiseaux et de fleurs en relief. — Haut., 32 cent.

42 — Deux vases en forme de balustre à arbustes et oiseaux en relief et tachés d'or sur fond rougeâtre. — Haut., 30 cent.

43 — Deux vases en forme de balustre à panse allongée décorés de tortues, chimères et dragons en relief, et à anses dauphins. — Haut., 24 cent.

44 — Deux petits vases en forme de balustre surbaissé reposant sur trois pieds bas et ornés de dragons en relief. — Haut., 21 cent.

45 — Beau brûle-parfums formé d'un éléphant debout richement caparaçonné et surmonté d'une pagode à deux étages. — Haut., 72 cent.

46 — Brûle-parfums analogue à celui qui précède, mais plus petit. — Haut., 50 cent.

47 — Deux grands vases en forme de balustre à panse sphérique à arêtes en relief et à fleurs et ornements en relief. — Haut., 56 cent.

48 — Deux vases de forme analogue à panse ovoïde et à
deux anses têtes d'éléphants. Ils sont décorés de médaillons renfermant des oiseaux et des arbustes en relief.
Bronze taché d'or. — Haut., 54 cent.

49 — Deux vases en forme de balustre surbaissé en bronze
uni garnis de deux anses à dragons. — Haut.,
45 cent.

50 — Deux vases en forme de balustre à col droit sur pieds
mobiles; ils sont décorés de dragons en relief.— Haut.,
36 cent.

51 — Deux vases en forme de bouteille à dragons en haut-
relief. — Haut., 30 cent.

52 — Vase formé de deux carpes fantastiques debout et
accolées sur socle oblong. Patine brune tachée d'or.
— Haut., 44 cent.

53 — Petit brûle-parfums formé d'un éléphant debout sur
lequel un petit joueur de flûte est assis. — Haut.,
21 cent.

54 — Fort vase de forme sphérique à couvercle, orné de
côtes transversales. Il est garni de deux anses en bronze
niellé et le couvercle est surmonté d'un animal fantastique assis. Le pied mobile est orné de trois branches
de fleurs niellées d'argent. — Haut., 60 cent.

55 — Deux vases cylindriques décorés à l'imitation d'osier. — Haut., 40 cent.

56 — Deux vases à panse ovoïde décorés de figures et d'arbustes en relief. Les socles mobiles sont ornés de branches de fleurs. Les anses sont niellées d'argent. — Haut., 33 cent.

57 — Bouddha assis en bronze. — Haut., 22 cent.

58 — Divinité assise sur une feuille de lotus. — Haut., 27 cent.

59 — Joli brûle-parfums de forme oblongue sur pieds à têtes d'éléphants et à anses têtes chimériques en bronze niellé d'argent. Il est décoré de médaillons d'oiseaux en relief et le couvercle est surmonté d'un animal fantastique couché. — Haut., 29 cent.

60 — Brûle-parfums analogue à celui qui précède, mais plus petit. — Haut., 28 cent.

61 — Brûle-parfums de forme oblongue à anse mobile décoré de médaillons d'oiseaux en relief et à couvercle repercé à jour. — Larg., 21 cent.

62 — Statuette en bronze : figure de philosophe debout sur un rocher. — Haut., 54 cent.

63 — Brûle-parfums formé d'un épervier sur rocher. — Haut., 21 cent.

64 — Kouan-In. Divinité assise sur une feuille de lotus avec nimbe découpé. — Haut., 47 cent.

65 — Vase en forme de balustre uni à deux anses têtes de dragons. — Haut., 30 cent.

66 — Deux jolis petits vases en forme de cornet à lobes, en bronze, décorés de palmettes et de fleurs en relief. — Haut., 20 cent.

67 — Vase de forme analogue à arêtes en relief découpées et à fleurs et animaux en relief. — Haut., 25 cent.

68 — Deux petites lanternes en bronze à ornements en relief et découpés à jour. — Haut., 51 cent.

69 — Deux grands vases à panse ovoïde et à col droit, en bronze, à palmettes et ornements en relief.—Haut., 60 cent.

70 — Deux très-petits vases sur socles en bronze niellé d'argent. — Haut., 19 cent.

71 — Deux petits vases en bronze en forme de balustre à deux anses anneaux et fleurs en relief. — Haut., 21 cent.

72 — Grande jardinière oblongue à médaillons de fleurs
en relief et à deux anses formées de branches de chry-
santhèmes. — Long., 90 cent.; larg., 54 cent.; haut.,
23 cent.

73 — Jardinière de forme analogue à angles arrondis,
décorée d'ornements en relief et anses têtes d'éléphants.
— Long., 55 cen.

74 — Deux petits vases en forme de balustre carré en
bronze niellé d'argent et garnis de deux anses. — Haut.,
16 cent.

PORCELAINES & POTERIES

75 — Deux vases en forme de balustre à panse ovoïde et
à anses têtes chimériques en poterie de Satzuma décorés de fleurs émaillées en relief et rehaussés d'or. —
Haut., 40 cent.

76 — Deux vases en forme de gourde à couvercle en poterie de Satzuma, décorés de fleurs émaillées et or. —
Haut., 42 cent.

77 — Deux vases forme droite à anses têtes d'éléphants,
décorés de figures de femmes et de fleurs. — Haut.,
32 cent.

78 — Deux jardinières de forme ronde à trois pieds bas en porcelaine d'Owari, à branches de bambou et oiseaux en relief réservés en blanc sur fond gros bleu. — Haut., 25 cent.; diam., 33 cent.

79 — Deux jardinières de forme analogue, de même porcelaine, décorées de médaillons de fleurs en relief et réservées en blanc sur fond bleu. — Haut., 25 cent.; diam., 30 cent.

80 — Deux jardinières de forme sphérique sur pieds bas en porcelaine d'Owari, à branches de bambou et oiseaux en relief et réservées en blanc sur fond bleu. — Haut., 16 cent.

81 — Deux grandes et belles jardinières en porcelaine du Japon à décor en camaïeu bleu à médaillons d'oiseaux et fleurs. — Diam., 53 cent.; haut., 35 cent.

82 — Deux grands vases en forme de balustre, en porcelaine du Japon, décorés de médaillons et de fleurs émaillés en couleurs. — Haut., 85 cent.

83 — Deux grands plats ronds et creux en porcelaine du Japon, à médaillons d'oiseaux et ornements en camaïeu bleu. — Diam., 57 cent.

84 — Deux vases en forme de balustre à deux anses en porcelaine d'Owari, décorés de médaillons en relief et réservés en blanc sur fond bleu. — Haut., 43 cent.

85 — Deux vases analogues à ceux qui précèdent. — Haut., 35 cent.

86 — Deux très-grands plats en porcelaine du Japon décorés de figures et d'ornements émaillés en couleurs. — Diam., 65 cent.

87-89 — Six autres plats analogues et de dimensions variées. Ils seront vendus par deux.

90 — Deux petits vases en forme de bouteille en porcelaine du Japon à fleurs réservées sur fond bleu. — Haut., 27 cent.

91-92 — Quatre plats ronds en poterie de Kaga, décorés de figures et de fleurs. Ils seront vendus séparément.

93 — Deux bols en poterie de Kaga à décor en rouge et or à figures et ornements.

94 — Deux bols analogues à ceux qui précèdent, mais plus petits.

95 — Bol en porcelaine de Fizen, décoré de fleurs en bleu, rouge et or.

96 — Plat rond en poterie de Kioto décoré de fleurs en relief. — Diam., 31 cent.

97 — Deux vases gargoulettes en poterie de Banco, décorés de fleurs émaillées en relief. — Haut., 33 cent.

98 — Deux petits vases ovoïdes à couvercles en poterie de Banco et décorés de fleurs. — Haut., 20 cent.

99 — Deux petits vases gargoulettes de même style. — Haut., 20 cent.

100 — Deux vases en forme de balustre en porcelaine émaillée rouge haricot. — Haut., 58 cent.

101 — Deux vases de forme analogue à anses chimères, décorés de fleurs réservées en blanc sur fond bleu empois. — Haut., 64 cent.

102 — Vase en forme de balustre en porcelaine craquelée de la Chine. — Haut., 61 cent.

103 — Deux petits vases forme balustre, en porcelaine craquelée à figures en relief peintes en camaïeu bleu.

104 — Deux grands vases en forme de balustre à col fes-
tonné, en porcelaine du Japon, décorés de fleurs en
camaïeu bleu et médaillons laqués sur fond rouge.
— Haut.,72 cent.

105 — Deux vases modèle rouleau de même décor. —
Haut., 78 cent.

106 — Deux petits vases en forme de rouleau en poterie
de Satzuma, décorés de fleurs et d'oiseaux. — Haut.,
22 cent.

107 — Réchaud à bain-marie de même qualité.

LAQUES & OBJETS VARIÉS

108 — Deux petits porte-allumettes ou pitongs en ivoire,
sur pieds laqués et enrichis de figurines rapportées en
relief, en bronze très-finement ciselé et oxydé.

109 — Petite boîte oblongue en ivoire, laquée et incrustée
d'insectes.

110 — Petite boîte analogue à celle qui précède.

111 — Deux petites boîtes rondes de même travail, l'une
d'elles à compartiments.

112 — Six petits animaux en bois et en ivoire sculptés.

113 — Petite coupe en forme de fruit en jade gris ver-
dâtre.

114 — Autre petite coupe profonde en jade vert à fleurs
en relief.

115 — Deux plaques de ceinture en jade gris ; l'une d'elles
est repercée à jour.

116 — Fermoir de ceinturon en cuivre doré avec dragons
rapportés en porcelaine de Chine, émaillée vert et ru-
basse.

117 — Tabatière de forme ronde à côtes, en ancienne porcelaine d'Allemagne, à médaillons de personnages sur
fond noir. Époque Louis XV.

118 — Deux petites boîtes rondes à couvercles en laque
noir du Japon à décor d'or.

119 — Deux autres petites boîtes en laque à compartiments.

120 — Deux autres boîtes à couvercle bombé.

121 — Deux petites boîtes carrées en laque noir à décor
d'or.

122 — Deux boîtes de forme oblongue en laque noir et or.

123 — Petite boîte à insectes en laque noir et or.

124 — Bol à couvercle sur piédouche en laque noir et décor d'or.

125 — Grande boîte en laque décorée d'un vase de fleurs sur fond aventuriné.

126 — Socle-support à quatre pieds en laque noir et or. Le dessus sert de tablette de jeu.

127 — Quatre soucoupes en laque rouge à décor d'or. Elles seront vendues par deux.

128 — Boîte-écritoire en laque du Japon, décorée d'oiseaux et d'arbustes sur fond pailleté d'or.

129 — Boîte analogue; l'intérieur est très-riche.

130 — Boîte rectangulaire en laque noir portant les armes du Mikado.

131 — Boîte de forme longue, décorée d'armoiries sur fond noir.

132 — Boîte de forme rectangulaire décorée d'arabesques d'or sur fond noir.

133 — Boîte plus petite décorée d'oiseaux sur fond aventuriné.

134 — Boîte longue et plate en bois naturel laqué, et fleurs de nacre sculptée rapportées en relief.

135 — Grande boîte à gants décorée d'oiseaux et de fleurs sur fond noir.

137 — Grande théière en laque noir décorée d'arabesques d'or.

138 — Grande boîte à papier en laque noir décorée de branches de pêcher et de bambous en or.

139 — Boîte de même forme décorée d'armoiries sur fond aventuriné

140 — Deux cache-pots en laque; l'un d'eux porte des armoiries.

141 — Jolie boîte en laque à quatre lobes et à compartiments décorée de fleurs sur fond noir.

142-143 — Quatre couteaux japonais. Ils seront vendus par deux.

144 — Très-grand sabre japonais à fourreau et long manche à deux mains en laque rouge.

145 — Deux modèles de sabre chinois formés de monnaies de cuivre.

146 — Deux ombrelles japonaises et chinoises.

147 — Deux arcs en laque et jeux de flèches.

148 — Deux panneaux laqués pour meubles, à double face.

149 — Tambour japonais en bois peint et doré.

150 — Divinité bouddhiste en bois sculpté.

151 — Statuette en bois sculpté, laqué et doré. Divinité debout.

MEUBLES

152 — Joli paravent à six feuilles peintes sur soie à fleurs et oiseaux, monture en laque noir.

153 — Deux jolis panneaux en bois dur incrusté de nacre, à fleurs et inscriptions. Travail du Tonkin.

154 — Deux petits plateaux rectangulaires sur pieds cintrés de même travail.

155 — Table de forme oblongue à quatre pieds en bois de fer sculpté et à dessus de marbre.

156 — Guéridon en bois de fer sculpté à dessus de marbre.

157 — Table-toilette en bois de fer sculpté à fleurs et ornements et à dessus de marbre.

158 — Grande table-guéridon à trépied en bois de fer sculpté et à dessus de marbre.

159 — Modèle de salles de réception japonaises en bois dur avec portes à coulisses et peintures, garnies de figurines vêtues en étoffe.

160 — Modèle de temple japonais en bois découpé garni de figures.

ETOFFES & DESSINS

161-168 — Huit jolies feuilles d'écrans ou coussins en soie de nuances variées, richement brodées, à figures, poissons et paysages. Elles seront vendues séparément.

169 — Deux feuilles d'écrans en crêpe gris imprimé et brodé.

170 — Quatre stores en gaze de soie brodés en soies de couleurs à arbustes et oiseaux. — Haut., 1 m. 80 cent.

171 — Quatre stores analogues décorés de fleurs. —Haut., 1 m. 50 cent.

172 — Grande et très-belle robe en soie brodée à fleurs de couleurs sur fond brun très-riche.

173-175 — Quatre robes japonaises en étoffe brodée. Elles seront vendues séparément.

176 — Écran en bambou avec feuille en gaze brodée à oiseaux.

177 — Quatre rouleaux sur étoffe décorés chacun d'une figure de femme debout. — Haut., 90 cent.

178 — Quatre rouleaux analogues peints sur soie. Haut., 90 cent.

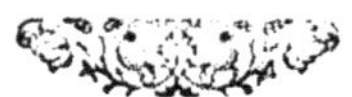

www.ingramcontent.com/pod-product-compliance
Ingram Content Group UK Ltd.
Pitfield, Milton Keynes, MK11 3LW, UK
UKHW031706170726
13836UKWH00001B/59